Pisa-Training

Mathematische Denkaufgaben
für Schülerinnen und Schüler
der 6. Jahrgangsstufe

Lösungsheft

bearbeitet von
Hermann-Dietrich Hornschuh

illustriert von
Elisabeth Lottermoser

Mildenberger Verlag

**Dank gebührt meiner Frau Brynhild
sowie Gerhard Hergenröder
und Jochen Kreusch.**

Bestell-Nr. 150-221 · ISBN 3-619-15221-7

Internetadresse: www.mildenberger-verlag.de
E-Mail: info@mildenberger-verlag.de

Auflage	Druck	4	3	2	1
Jahr		2008	2007	2006	2005

Druck: VVA GmbH / Wesel Kommunikation, 76534 Baden-Baden
Gedruckt auf umweltfreundlichem Papier

Lösungen 1

Lösung 1.1

Die Summe der Winkel in einem Dreieck beträgt $\alpha + \beta + \gamma = 180°$.

Zwischen diesen Winkeln bestehen die Beziehungen
$\alpha = \beta - 10°$ und $\gamma = \beta + 10°$.

Berechnung des Winkels β:
$\beta - 10° + \beta + \beta + 10° = 180°$
$3\beta = 180°$
$\beta = 60°$

Berechnung des Winkels α:
$\alpha = 60° - 10° = 50°$

Berechnung des Winkels γ:
$\gamma = 60° + 10° = 70°$

Antwortsatz: Die Winkel α, β und γ betragen 50°, 60° und 70°.

Lösung 1.2

Die Summe der Winkel in einem Dreieck beträgt $\alpha + \beta + \gamma = 180°$.

Zwischen diesen Winkeln bestehen die Beziehungen
$\alpha = 2\beta$ und $\gamma = 3\beta$.

Berechnung des Winkels β:
$2\beta + \beta + 3\beta = 180°$
$6\beta = 180°$
$\beta = 30°$

Berechnung des Winkels α:
$\alpha = 2 \cdot 30° = 60°$

Berechnung des Winkels γ:
$\gamma = 3 \cdot 30° = 90°$

Antwortsatz: Die Winkel α, β und γ betragen 60°, 30° und 90°.

Lösung 1.3

Die Summe der Winkel in einem Dreieck beträgt $\alpha + \beta + \gamma = 180°$.

Zwischen diesen Winkeln bestehen die Beziehungen
$\alpha = \beta - 3°$ und $\gamma = \beta + 33°$.

Berechnung des Winkels β:
$\beta - 3° + \beta + \beta + 33° = 180°$
$3\beta = 180° - 33° + 3° = 150°$
$\beta = 50°$

Berechnung des Winkels α:
$\alpha = 50° - 3° = 47°$

Berechnung des Winkels γ:
$\gamma = 50° + 33° = 83°$

Antwortsatz: Die Winkel α, β und γ betragen 47°, 50° und 83°.

Lösungen 2

Lösung 2.1

Die 8 Fische wurden in 24 gleiche Teile zerlegt. Jeder bekam davon 8 Teile.

Die 5 Fische von Franz ergaben 15 Teile, von denen der Fremde 7 Teile erhielt.

Die 3 Fische von Fritz ergaben 9 Teile, von denen der Fremde 1 Teil erhielt.

Der Fremde hatte von Franz siebenmal mehr Fisch erhalten als von Fritz. Deshalb muss Franz auch von dem Geld siebenmal mehr bekommen als Fritz.

Antwortsatz: Franz gehörten von dem Geld 7 Taler und Fritz 1 Taler.

Lösung 2.2

Aus dem Text der Aufgabe ist bekannt, dass Eulenspiegel 100 Pfund wiegt. Aus den beiden letzten Angaben folgt, dass 1 Schaf und 2 Ziegen zusammen 100 Pfund wiegen. Aus den beiden mittleren Angaben folgt, dass 16 Ziegen und 100 Pfund so schwer sind wie 5 Schafe und 10 Ziegen, also 500 Pfund. Daher wiegen 4 Ziegen 100 Pfund und 1 Schaf 50 Pfund.

Antwortsatz: Zwei Schafe haben das gleiche Gewicht wie Eulenspiegel.

Lösung 2.3

Die Anzahl der seit Anfang des Tages vergangenen Minuten sei x.
Aus dem Ansatz

$$x + 3 \cdot \frac{2}{9} \cdot x = 1\,440$$

folgt das Ergebnis
$x = 864$.
Die vergangenen 864 Minuten sind 14 Stunden und 24 Minuten.

Antwortsatz: Es war 14.24 Uhr, als Eulenspiegel nach der Zeit gefragt wurde.

Lösung 3.1

Alle Hunde sind zusammen 14 Jahre oder 168 Monate alt.
Das Alter des Boxers in Monaten sei x.

Aus der Beziehung
Alter des Boxers + Alter des Dackels + Alter des Pudels + Alter des Spitzes + Alter des Terriers = 168
folgt der Ansatz
$x + 3(x + 1) + 4(x - 1) + (4x - 3) + (2x + 4) = 168$

mit dem Ergebnis
$x = 12$.

Antwortsatz: Der Boxer ist 12 Monate, der Dackel 39 Monate, der Pudel 44 Monate, der Spitz 45 Monate und der Terrier 28 Monate alt.

Lösung 3.2

Das Alter von Alissa in Jahren sei x.

Aus dem Ansatz
$24 - x = x - 12$

folgt das Ergebnis.
$x = 18$

Antwortsatz: Alissa ist 18 Jahre alt.

Lösung 3.3

Das Alter der jüngsten Frau in Jahren sei x.

Aus dem Ansatz
$7x = 140$

folgt das Ergebnis
$x = 20$.

Antwortsatz: Die Frau ist 40 Jahre alt.

Lösungen 4

Lösung 4.1

Die Strecke in Kilometern, die Herr Zahl jeden Tag bis zur Schule zurücklegen muss, wird mit x bezeichnet. Die Strecke in Kilometern, die Frau Ziffer jeden Tag bis zur Schule zurücklegen muss, wird mit y bezeichnet.

Der Ansatz
$x + y = 62$
$x - y = 12$

führt nach Addition zum Ergebnis
$2x = 74$ und $x = 37$.

Subtraktion ergibt
$y = 62 - x = 62 - 37 = 25$.

Antwortsatz: Herr Zahl wohnt 37 Kilometer von seiner Schule und Frau Ziffer 25 Kilometer von ihrer Schule entfernt.

Lösung 4.2

Die Nummer des Hauses, in dem die Eltern von Herrn Zahl wohnen, sei x. Die Nummer des Hauses, in dem die Eltern von Frau Ziffer wohnen, sei y.

Der Ansatz
$x + y = 48$
$x - y = 14$

führt nach Addition zum Ergebnis
$2x = 62$ und $x = 31$.

Subtraktion ergibt
$y = 48 - x = 48 - 31 = 17$.

Antwortsatz: Die Eltern von Herrn Zahl wohnen in dem Haus mit der Nummer 31 und die Eltern von Frau Ziffer wohnen in dem Haus mit der Nummer 17.

Lösung 4.3

Die Anzahl der Schüler, die von Herrn Zahl im Fach Mathematik die Note 1 erhalten haben, sei x.

Die Anzahl der Schülerinnen, die von Frau Ziffer im Fach Mathematik die Note 1 erhalten haben, sei y.

Der Ansatz
$x + y = 23$
$x - y = 1$

führt nach Addition zum Ergebnis
$2x = 24$ und $x = 12$.

Subtraktion ergibt
$y = 23 - x = 23 - 12 = 11$.

Antwortsatz: Herr Zahl hat 12 Schülern und Frau Ziffer 11 Schülerinnen im Fach Mathematik die Note 1 erteilt.

Lösungen 5

Lösung 5.1

Die Behauptung von Lukas war falsch. Also waren es vom Standort aus noch 5 Kilometer oder mehr bis zur Hütte.

Auch die Behauptung von Elias war falsch. Demnach müssten es bis zur Hütte noch 5 Kilometer oder weniger gewesen sein.

Waren beide Aussagen falsch, so können es vom Standort aus bis zur Hütte nur 5 Kilometer gewesen sein.

Antwortsatz: Vom Standort aus mussten die drei Jungen noch genau 5 Kilometer bis zur Hütte laufen.

Lösung 5.2

Die Behauptung von Mona war richtig. Auch die Behauptung von Kitty war richtig. Waren beide Aussagen richtig, dann kann vom Standort aus der Fluss nur 30 Minuten entfernt gewesen sein.

Antwortsatz: Vom Standort aus mussten die drei Mädchen noch genau 30 Minuten joggen, um den Fluss zu erreichen.

Lösung 5.3

Da Herr Lehmann eine wahre Aussage gemacht hat, stimmt weder die Aussage von Herrn Meier noch die Aussage von Herrn Schulze. Also ist die Entfernung weder länger als 10 Kilometer noch kürzer als 10 Kilometer.

Antwortsatz: Die drei Väter müssen noch genau 10 Kilometer bis zum Gipfel laufen.

Lösung 6.1

Mathematisch könnte diese Aufgabe beispielsweise auch so formuliert werden:

„Zerlege die Zahl 48 so in 9 Summanden, dass jeder folgende Summand um 0,5 größer als der vorhergehende Summand ist."

Wenn wir den ersten Summanden mit n bezeichnen, dann ist der

zweite Summand	$n + 0{,}5$,
dritte Summand	$n + 1$,
vierte Summand	$n + 1{,}5$,
fünfte Summand	$n + 2$,
sechste Summand	$n + 2{,}5$,
siebte Summand	$n + 3$,
achte Summand	$n + 3{,}5$,
neunte Summand	$n + 4$.

Die Summe aller neun Summanden ist dann
$9n + 18 = 48$ und $9n = 30$.

Daraus folgt
$n = 3\frac{1}{3}$.

Antwortsatz: Die Pakete wiegen $3\frac{1}{3}$ Kilogramm, $3\frac{5}{6}$ Kilogramm, $4\frac{1}{3}$ Kilogramm, $4\frac{5}{6}$ Kilogramm, $5\frac{1}{3}$ Kilogramm, $5\frac{5}{6}$ Kilogramm, $6\frac{1}{3}$ Kilogramm, $6\frac{5}{6}$ Kilogramm und $7\frac{1}{3}$ Kilogramm.

Lösung 6.2

Der erste Summand sei n, dann ist der

zweite Summand	$n + \frac{1}{3}$,
dritte Summand	$n + \frac{2}{3}$,
vierte Summand	$n + 1$,
fünfte Summand	$n + 1\frac{1}{3}$,
sechste Summand	$n + 1\frac{2}{3}$,
siebte Summand	$n + 2$.

Die Summe aller sieben Summanden ist dann

$$n + n + \frac{1}{3} + n + \frac{2}{3} + n + 1 + n + 1\frac{1}{3} + n + 1\frac{2}{3} + n + 2 = 56$$

$7n + 7 = 56$

$7n = 49$

$n = 7$

Antwortsatz: Die gesuchten Summanden heißen $7, 7\frac{1}{3}, 7\frac{2}{3}, 8, 8\frac{1}{3}, 8\frac{2}{3}$ und 9.
Ihre Summe beträgt genau 56.

Lösung 6.3

Der erste Summand sei n, dann ist der

zweite Summand	$n - \frac{2}{3}$,
dritte Summand	$n - 1\frac{1}{3}$,
vierte Summand	$n - 2$,
fünfte Summand	$n - 2\frac{2}{3}$,
sechste Summand	$n - 3\frac{1}{3}$.

Die Summe aller sechs Summanden ist dann

$$n + n - \frac{2}{3} + n - 1\frac{1}{3} + n - 2 + n - 2\frac{2}{3} + n - 3\frac{1}{3} = 65$$

$6n - 10 = 65$

$6n = 75$

$n = 12{,}5$

Antwortsatz: Die gesuchten Summanden heißen $12\frac{1}{2}, 11\frac{5}{6}, 11\frac{1}{6}, 10\frac{1}{2}, 9\frac{5}{6}$ und $9\frac{1}{6}$.
Ihre Summe beträgt genau 65.

Lösung 7.1

Eine Kugel kann 25 verschiedene Stellungen einnehmen. Kommt eine zweite Kugel hinzu, bleiben für diese noch 24 mögliche Stellungen. Zwei unterschiedliche Kugeln können also 25 · 24 = 600 verschiedene Stellungen einnehmen.

Da es sich aber um zwei gleiche Kugeln handelt, können diese
600 : (1 · 2) = 300
verschiedene Stellungen einnehmen.

Antwortsatz: Zwei gleiche Kugeln können auf diesem Brett 300 verschiedene Stellungen einnehmen. Also hat Natalies Vater 100 zu wenig und Natalies Mutter 100 zu viel geschätzt.

Lösung 7.2

Bei drei unterschiedlichen Figuren kann die erste Figur 25, die zweite Figur 24 und die dritte Figur 23 verschiedene Stellungen einnehmen. Zusammen sind das 25 · 24 · 23 = 13 800 verschiedene Stellungen.

Da es sich aber um drei gleiche Figuren handelt, können diese
13 800 : (1 · 2 · 3) = 2 300
verschiedene Stellungen einnehmen.

Antwortsatz: Drei gleiche Figuren können auf diesem Brett 2 300 verschiedene Stellungen einnehmen.

Lösung 7.3

Bei drei unterschiedlichen Figuren kann die erste Figur 36, die zweite Figur 35 und die dritte Figur 34 verschiedene Stellungen einnehmen. Zusammen sind das 36 · 35 · 34 = 42 840 verschiedene Stellungen.

Da es sich aber um drei gleiche Figuren handelt, können diese
42 840 : (1 · 2 · 3) = 7 140
verschiedene Stellungen einnehmen.

Antwortsatz: Drei gleiche Figuren können auf diesem Brett 7 140 verschiedene Stellungen einnehmen.

Lösungen 8

Lösung 8.1

Nimmt man das Ergebnis mit den Kehrbrüchen mal, erhält man die gesuchte Anzahl.

1. Rechnung: $30 \cdot \frac{4}{3} = 40$

2. Rechnung: $40 \cdot \frac{5}{4} = 50$

Antwortsatz: Martin hat 50 Äpfel gepflückt.

Probe: $50 \cdot \frac{4}{5} = 40$; $40 \cdot \frac{3}{4} = 30$

Lösung 8.2

Nimmt man das Ergebnis mit den Kehrbrüchen mal, erhält man die gesuchte Zahl.

1. Rechnung: $112 \cdot \frac{6}{7} = 96$

2. Rechnung: $96 \cdot \frac{3}{2} = 144$

Antwortsatz: Igor hat sich die Zahl 144 gemerkt.

Probe: $144 \cdot \frac{2}{3} = 96$; $96 \cdot \frac{7}{6} = 112$

Lösung 8.3

Nimmt man das Ergebnis mit den Kehrbrüchen mal, erhält man die gesuchte Zahl.

1. Rechnung: $200 \cdot \frac{4}{5} = 160$

2. Rechnung: $160 \cdot \frac{3}{4} = 120$

Antwortsatz: Hannah hat sich die Zahl 120 gemerkt.

Probe: $120 \cdot \frac{4}{3} = 160$; $160 \cdot \frac{5}{4} = 200$

Lösung 9.1

Die Lösung dieser Aufgabe wird dadurch verständlich, dass der Vater von Fridolin zwei Brüder hat. Also ist der Bruder von Fridolins Onkel der Onkel von Fridolins Bruder. Ottokar hat nicht Recht.

Antwortsatz: Mit der gesuchten Person kann jeder der beiden Brüder von Fridolins Vater gemeint sein.

Lösung 9.2

Der Mann ist der Großvater. Dessen Vater ist der Urgroßvater. Dessen Enkel ist der Sohn dieses Mannes. Dessen Sohn ist der Enkel dieses Mannes. Somit ist der Enkel seines Vaters der Vater seines Enkels.

Antwortsatz: Ja, die Aussage des Mannes ist wahr.

Lösung 9.3

Die Frau hat sich mit ihrer Schwester über ihre gemeinsame Tante unterhalten.

Antwortsatz: Ja, die Aussage der Frau ist wahr.

Lösungen 10

Lösung 10.1

Aus der Hunderterstelle folgt:
Für das Mädchen muss die Zahl 2 eingesetzt werden.

Aus der Zehnerstelle folgt:
Für den Jungen muss die Zahl 1 eingesetzt werden.

Aus der Einerstelle folgt:
Für den Hund muss die Zahl 4 eingesetzt werden.

Antwortsatz: Die Rechnung 421 + 214 = 635 ist richtig.

Lösung 10.2

Aus der Zehnerstelle folgt:
Für den Jungen muss die Zahl 1 eingesetzt werden.

Aus der Einerstelle folgt:
Für den Hund muss die Zahl 5 eingesetzt werden.

Aus der Hunderterstelle folgt:
Für das Mädchen muss die Zahl 3 eingesetzt werden.

Antwortsatz: Die Rechnung 511 + 345 = 856 ist richtig.

Lösung 10.3

Aus der Einerstelle folgt:
Für den Jungen muss die Zahl 7 eingesetzt werden.

Aus der Zehnerstelle folgt:
Für den Hund muss die Zahl 2 eingesetzt werden.

Aus der Hunderterstelle folgt:
Für das Mädchen muss die Zahl 1 eingesetzt werden.

Antwortsatz: Die Rechnung 127 + 271 = 398 ist richtig.

Lösung 11.1

Das Gewicht des Brotes in Kilogramm sei x.

Aus dem Ansatz

$x = \frac{3}{4}x + \frac{3}{4};\ \frac{1}{4}x = \frac{3}{4};\ x = \frac{4 \cdot 3}{4}$

folgt das Ergebnis

$x = 3$.

Antwortsatz: Das Brot war 3 Kilogramm schwer.

Lösung 11.2

Die Länge des Bandes in Metern sei x.

Aus dem Ansatz

$x = \frac{2}{3}x + \frac{2}{5};\ \frac{1}{3}x = \frac{2}{5};\ x = \frac{3 \cdot 2}{5}$

folgt das Ergebnis

$x = 1{,}2$.

Antwortsatz: Das Band ist 1,20 Meter lang.

Lösung 11.3

Der Preis des Heftes in Euro sei x.

Aus dem Ansatz

$x = \frac{3}{8}x + \frac{3}{2};\ \frac{5}{8}x = \frac{3}{2};\ x = \frac{8 \cdot 3}{5 \cdot 2}$

folgt das Ergebnis

$x = 2{,}4$.

Antwortsatz: Das Heft kostet 2,40 Euro.

Lösungen 12

Lösung 12.1

Zeichnet man die im großen Quadrat befindlichen Linien auch über die graue Fläche, kann man durch Auszählen erkennen, dass vier ganze und acht halbe der kleinen Quadrate gerastert sind. Zusammen sind das 8 kleine Quadrate. Diese sind genau ein Achtel der gesamten Fläche, die aus 64 kleinen Quadraten besteht.

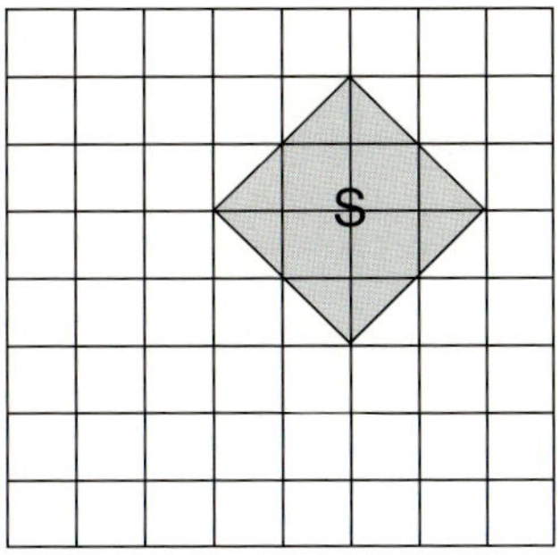

Antwortsatz: Die graue Standfläche nimmt ein Achtel der Hallenfläche ein.

Lösung 12.2

Zeichnet man die im großen Quadrat befindlichen Linien auch über die graue Fläche, kann man durch Auszählen erkennen, dass dreißig ganze und vier halbe der kleinen Quadrate gerastert sind. Zusammen sind das 32 kleine Quadrate. Diese sind genau die Hälfte der gesamten Fläche, die aus 64 kleinen Quadraten besteht.

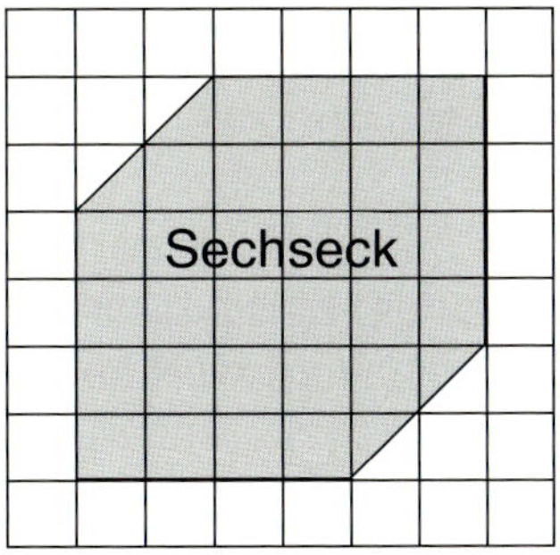

Antwortsatz: Die graue Sechseckfläche nimmt die Hälfte der gesamten Fläche ein.

Lösung 12.3

Zeichnet man die im großen Quadrat befindlichen Linien auch über die graue Fläche, kann man durch Auszählen erkennen, dass zehn ganze und zwölf halbe der kleinen Quadrate gerastert sind. Zusammen sind das 16 kleine Quadrate. Diese sind genau ein Viertel der gesamten Fläche, die aus 64 kleinen Quadraten besteht.

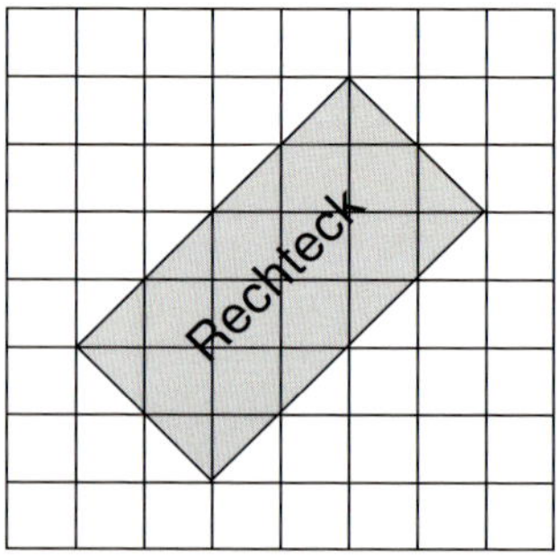

Antwortsatz: Die graue Rechteckfläche nimmt ein Viertel der gesamten Fläche ein.

Lösungen 13

Lösung 13.1

Folgende Überlegungen führen zur Lösung:

Die zweite Grundziffer muss ein Vielfaches von 3 und größer oder gleich 4, also 6 oder 9, sein. Die zweite Möglichkeit scheidet aus, weil dann die vierte Grundziffer 10 wäre, was nicht sein kann. Also ist die zweite Grundziffer 6.

Dann ist nach dem Aufgabentext die erste Grundziffer 2, die dritte ebenfalls 2 und die vierte 7. Für die fünfte Grundziffer bleibt dann nur noch entweder die 0 oder die 1. Somit hat diese Aufgabe zwei Lösungen.

Antwortsatz: Die zwei Zahlen 26 270 und 26 271 erfüllen die gestellten Bedingungen.

Lösung 13.2

Folgende Überlegungen führen zur Lösung:

Eine Zahl ist durch 24 teilbar, wenn sie sowohl durch 8 als auch durch 3 teilbar ist. Die gesuchten vierstelligen Zahlen haben die Form $\overline{x22y}$. Da 1 000 durch 8 teilbar ist, braucht nur die Zahl $\overline{22y}$ auf ihre Teilbarkeit durch 8 untersucht zu werden. Es ist leicht einzusehen, dass dies nur für 224 zutrifft.

Die Quersumme von $\overline{x224}$ ist $x + 2 + 2 + 4 = x + 8$.

Diese Quersumme ist nur, wie leicht nachzuprüfen ist, für $x = 1$ oder $x = 4$ oder $x = 7$ durch 3 teilbar. Im ersten Fall heißt die Quersumme 9, im zweiten 12 und im dritten 15. Somit hat diese Aufgabe drei Lösungen.

Antwortsatz: Die drei Zahlen 1 224, 4 224 und 7 224 erfüllen die gestellten Bedingungen.

Lösung 13.3

Folgende Überlegungen führen zur Lösung:

Das kleinste gemeinsame Vielfache der Zahlen 36, 48 und 54 ist 432.
Nun gilt
$1\,000 \leq 432 \cdot z < 4\,000$.

Lediglich die Zahlen 3, 4, 5, 6, 7, 8 oder 9 genügen für z dieser Ungleichung. Somit hat diese Aufgabe sieben Lösungen.

Antwortsatz: Die sieben Zahlen 1 296, 1 728, 2 160, 2 592, 3 024, 3 456 und 3 888 erfüllen die gestellten Bedingungen.

Lösung 14.1

In 1 Stunde bewegen beide Bagger
15 Kubikmeter + 20 Kubikmeter = 35 Kubikmeter
Erde.

70 Kubikmeter Erde werden in
70 Kubikmeter : 35 Kubikmeter/Stunde = 2 Stunden
bewegt.

Antwortsatz: Gemeinsam haben beide Bagger in 2 Stunden 70 Kubikmeter Erde ausgehoben.

Lösung 14.2

In 1 Stunde mahlen die drei Mühlen
2,5 Tonnen + 1,875 Tonnen + 1,5 Tonnen = 5,875 Tonnen
Getreide.

47 Tonnen Getreide werden in
47 Tonnen : 5,875 Tonnen/Stunde = 8 Stunden
gemahlen.

Antwortsatz: Gemeinsam mahlen die drei Mühlen 47 Tonnen Getreide in 8 Stunden.

Lösung 14.3

Aus dem Ansatz

$$\frac{x}{5} + \frac{x}{4} + \frac{x}{2} + \frac{x}{20} = 1$$

$$0{,}2x + 0{,}25x + 0{,}5x + 0{,}05x = 1$$

folgt das Ergebnis
$x = 1$.

Antwortsatz: Das Abpumpen des Wassers dauert 1 Stunde.

Lösungen 15

Lösung 15.1

Die Seitenlänge des Quadrats betrage a Längeneinheiten.

Wenn die Maßzahl der Quadratfläche gleich der Maßzahl des Quadratumfangs sein soll, muss
$a^2 = 4a$
gelten.

Daraus folgt a = 4 Längeneinheiten.

Antwortsatz: Ein Quadrat mit der Seitenlänge 4 Längeneinheiten hat sowohl für den Flächenumfang als auch für den Flächeninhalt die Maßzahl 16.

Lösung 15.2

Die Kantenlänge des Würfels betrage a Längeneinheiten.

Wenn die Maßzahl des Würfelvolumens gleich der Maßzahl der Würfeloberfläche sein soll, muss
$a^3 = 6a^2$
gelten.

Daraus folgt a = 6 Längeneinheiten.

Antwortsatz: Ein Würfel mit der Kantenlänge 6 Längeneinheiten hat sowohl für den Rauminhalt als auch für die Oberfläche die Maßzahl 216.

Lösung 15.3

Der Ziegelstein ist a Längeneinheiten hoch, 2a Längeneinheiten breit und 4a Längeneinheiten lang.

Damit gilt für den Rauminhalt
$V = a \cdot 2a \cdot 4a = 8a^3$

und für die Oberfläche
$O = 2(a \cdot 2a + a \cdot 4a + 2a \cdot 4a) = 28a^2$.

Aus $8a^3 = 28a^2$ folgt a = 3,5 Längeneinheiten.

Der Ziegelstein ist 3,5 Längeneinheiten hoch, 7 Längeneinheiten breit und 14 Längeneinheiten lang.

Antwortsatz: Dieser Ziegelstein hat für seinen Rauminhalt und für seine Oberfläche die gemeinsame Maßzahl 343.

Lösung 16.1

Die Menge in Litern, die der größere Krug fasst, sei x.

Aus dem Ansatz

$$x + \frac{x}{3} = 3$$

ergibt sich das Ergebnis
$x = 2{,}25$.

Antwortsatz: Der größere Krug fasst 2,25 Liter und der kleinere Krug 0,75 Liter.

Lösung 16.2

Das Gewicht in Gramm des größeren Steins sei x.

Aus dem Ansatz

$$x + \frac{2}{3}x = 1000$$

ergibt sich das Ergebnis
$x = 600$.

Antwortsatz: Der größere Stein wiegt 600 Gramm und der kleinere Stein 400 Gramm.

Lösung 16.3

Der Preis in Euro des Autos A sei a, der Preis des Autos B sei b und der Preis des Autos C sei c.

Das Auto A kostet a Euro, das Auto B kostet 0,6a Euro und das Auto C kostet 1,6a Euro.

Aus dem Ansatz
$a + 0{,}6a + 1{,}6a = 64\,000$

ergibt sich nach 64 000 : 3,2 das Ergebnis
$a = 20\,000$.

Für b folgt danach 12 000 und für c schließlich 32 000.

Antwortsatz: Das Auto Modell A kostet 20 000 Euro,
das Auto Modell B kostet 12 000 Euro und
das Auto Modell C kostet 32 000 Euro.

Lösungen 17

Lösung 17.1

Da die Summe aller Zensuren eine ungerade Zahl ist, kann die Anzahl der Dreien ebenfalls nur ungerade sein.

Eine Tabelle liefert folgende Übersicht:

Anzahl der Dreien	Anzahl der Zweien	Gesamtnote
1	8	19
3	6	21
5	4	23
7	2	25

Nur die Zahlen in Zeile 1 der Tabelle erfüllen den Text der Aufgabe.

Antwortsatz: In diesem Zeugnis gibt es einmal die Note 3 und achtmal die Note 2.

Lösung 17.2

Da die Summe aller Zensuren eine ungerade Zahl ist, kann die Anzahl der Dreien ebenfalls nur ungerade sein.

Eine Tabelle liefert folgende Übersicht:

Anzahl der Dreien	Anzahl der Vieren	Gesamtnote
1	8	35
3	6	33
5	4	31
7	2	29

Nur die Zahlen in Zeile 4 der Tabelle erfüllen den Text der Aufgabe.

Antwortsatz: In diesem Zeugnis gibt es siebenmal die Note 3 und zweimal die Note 4.

Lösung 17.3

Die Anzahl der Schülerinnen und Schüler, die eine Zwei haben, sei x.

Dann haben
x – 6 Schülerinnen und Schüler eine Eins,
x – 2 Schülerinnen und Schüler eine Drei,
x – 3 Schülerinnen und Schüler eine Vier
und
x – 4 Schülerinnen und Schüler eine Fünf.

Aus dem Ansatz
$2x + 1(x - 6) + 3(x - 2) + 4(x - 3) + 5(x - 4) = 3{,}04 \cdot 25$

folgt über
$2x + x - 6 + 3x - 6 + 4x - 12 + 5x - 20 = 76$

$15x = 120$
das Ergebnis
$x = 8$.

Antwortsatz: Von den 25 Schülerinnen und Schülern haben 2 eine Eins, 8 eine Zwei, 6 eine Drei, 5 eine Vier und 4 eine Fünf.

Lösungen 18

Lösung 18.1

Metta hat nach 1 Minute 40 Meter Vorsprung. In jeder weiteren Minute verringert sich ihr Vorsprung gegenüber Kitty um
50 Meter – 40 Meter = 10 Meter.

Rechnung:
40 Meter : 10 Meter/Minute = 4 Minuten

Antwortsatz: Kitty holt Metta nach 4 Minuten ein.

Lösung 18.2

Elmar hat 100 Meter Vorsprung. In jeder weiteren Minute verringert sich sein Vorsprung gegenüber Carlo um
50 Meter – 40 Meter = 10 Meter.

Rechnung:
100 Meter : 10 Meter/Minute = 10 Minuten

Antwortsatz: Carlo holt Elmar nach 10 Minuten ein.

Lösung 18.3

Jens schwimmt in 1 Minute
450 Meter : 18 = 25 Meter.

Jessica schwimmt in 1 Minute
480 Meter : 24 = 20 Meter.

Jens und Jessica schwimmen zusammen in 1 Minute
25 Meter + 20 Meter = 45 Meter.

Jens und Jessica schwimmen zusammen in 30 Minuten
45 Meter · 30 = 1 350 Meter.

Antwortsatz: Jens und Jessica schwimmen zusammen in einer halben Stunde 1 350 Meter.

Lösung 19.1

Für die zweite Hälfte des Weges brauchte der Kreuzer $\frac{100}{125} = \frac{4}{5}$ der Zeit, die er für die erste Hälfte benötigte. Die Zeitdifferenz der Fahrzeiten aus beiden Weghälften betrug $\frac{1}{5}$. Nach der Aufgabenstellung entspricht dies einer halben Stunde.

Für die erste Weghälfte war der Kreuzer
0,5 Stunden · 5 = 2,5 Stunden
unterwegs.

Für die zweite Weghälfte war der Kreuzer
2,5 Stunden · 0,8 = 2 Stunden
unterwegs.

Für die gesamte Wegstrecke benötigte der Kreuzer somit
2,5 Stunden + 2 Stunden = 4,5 Stunden.

Antwortsatz: Der Kreuzer war insgesamt 4,5 Stunden unterwegs.

Lösung 19.2

Der Schleppkahn und der Passagierdampfer sind zusammen
240 Meter + 30 Meter = 270 Meter lang.

Der Passagierdampfer fährt
8 Kilometer/Stunde – 6 Kilometer/Stunde = 2 Kilometer/Stunde
schneller als der Schleppkahn.

Für den vollständigen Überholvorgang sind
270 Meter : 2 000 Meter/Stunde = 0,135 Stunden
erforderlich.

Diese Zeitangabe ergibt
0,135 Stunden · 60 Minuten = 8,1 Minuten.

Anwortsatz: Der vollständige Überholvorgang dauert 8,1 Minuten.

Lösung 19.3

Stromabwärts legt der Dampfer die Strecke in 3 Stunden zurück, in einer Stunde somit ein Drittel der Entfernung.

Stromaufwärts legt der Dampfer die Strecke in 4,5 Stunden zurück, in einer Stunde somit zwei Neuntel der Entfernung.

Die Differenz

$$\frac{1}{3} - \frac{2}{9} = \frac{1}{9}$$

gibt den doppelten Anteil der Zeit an, die das Floß für die Strecke braucht. Das Floß, das die gleiche Geschwindigkeit wie der Fluss hat, legt also in jeder Stunde $\frac{1}{18}$ der Strecke zurück.

Antwortsatz: Das Floß ist 18 Stunden unterwegs.

Lösung 20.1

Die Geschwindigkeit des Güterzugs vom Bergwerk bis zum Hüttenwerk in Kilometer/Stunde sei x. Auf der Rückfahrt betrug die Geschwindigkeit in Kilometer/Stunde x + 20.

Aus dem Ansatz
$16x = 12(x + 20)$

folgt das Ergebnis
$x = 60$.

Daraus ergibt sich
16 Stunden · 60 Kilometer/Stunde = 960 Kilometer.

Antwortsatz: Das Bergwerk ist 960 Kilometer vom Hüttenwerk entfernt.

Lösung 20.2

Der erste Radfahrer war um 8 Uhr genau 2 Stunden gefahren. In dieser Zeit hatte er eine Strecke von 28 Kilometern zurückgelegt. Von diesem Zeitpunkt an legte der zweite Radfahrer in jeder Stunde 7 Kilometer mehr als der erste Radfahrer zurück.

Beide Radfahrer trafen sich genau in der Mitte zwischen Apfeltal und Zitronenberg. Das war wegen
28 Kilometer : 7 Kilometer/Stunde = 4 Stunden
nach Abfahrt des zweiten Radfahrers, also um 12 Uhr.

Bis zu diesem Zeitpunkt hatte jeder der beiden Radfahrer eine Strecke von 84 Kilometern zurückgelegt, zusammen also 168 Kilometer.

Antwortsatz: Apfeltal ist von Zitronenberg 168 Kilometer entfernt.

Lösungen 20

Lösung 20.3

Die an den einzelnen Tagen zurückgelegten Wege entsprechen den jeweiligen Durchschnittsgeschwindigkeiten.

Der am ersten Tag zurückgelegte Weg habe den Wert 1.

Der am zweiten Tag zurückgelegte Weg ist das Fünffache des Weges vom ersten Tag.

Der am dritten Tag zurückgelegte Weg ist das Zehnfache des Weges vom ersten Tag.

Nach dem Aufgabentext legt der Tourist insgesamt eine Strecke von 520 Kilometern zurück.

Dieser Gesamtweg setzt sich aus
1 + 5 + 10 = 16
Anteilen zusammen.

Am ersten Tag legt der Tourist
520 Kilometer : 16 = 32,5 Kilometer
zurück.

Am zweiten Tag legt der Tourist
32,5 Kilometer · 5 = 162,5 Kilometer
zurück.

Am dritten Tag legt der Tourist
32,5 Kilometer · 10 = 325 Kilometer
zurück.

Probe:
32,5 Kilometer + 162,5 Kilometer + 325 Kilometer = 520 Kilometer

Antwortsatz: Der Tourist legt am ersten Tag 32,5 Kilometer, am zweiten Tag 162,5 Kilometer und am dritten Tag 325 Kilometer zurück.

Lösung 21.1

Von A nach Y sind es 18 Kilometer.

Von A nach X sind es 6 Kilometer.

Von X nach Y sind es
18 Kilometer – 6 Kilometer = 12 Kilometer.

Von Y nach Z sind es
12 Kilometer $\cdot \frac{4}{3}$ = 16 Kilometer.

Von Z nach B sind es
16 Kilometer $\cdot \frac{1}{4}$ = 4 Kilometer.

Von A nach B sind es
6 Kilometer + 12 Kilometer + 16 Kilometer + 4 Kilometer = 38 Kilometer.

Antwortsatz: Das Forsthaus ist 38 Kilometer vom Forstamt entfernt.

Lösung 21.2

Die Radfahrerin fährt mit einer Durchschnittsgeschwindigkeit von 4 Kilometer/Stunde + 5 Kilometer/Stunde = 9 Kilometer/Stunde so lange, bis sich beide Wanderer trafen. Diese legten in 1 Stunde 9 Kilometer zurück. Für den gesamten Weg brauchten sie somit

36 Kilometer : 9 Kilometer/Stunde = 4 Stunden.

Während dieser Zeit fuhr die Radfahrerin
9 Kilometer/Stunde · 4 Stunden = 36 Kilometer.

Antwortsatz: Die Radfahrerin legte eine Strecke von 36 Kilometern zurück.

Lösung 21.3

Das Flugzeug braucht für 1 500 Kilometer genau 75 Minuten. Für die restlichen 600 Kilometer benötigt es somit noch 30 Minuten.

Antwortsatz: Das Flugzeug landet um 11.50 Uhr.

Lösungen 22

Lösung 22.1

Im Monat Dezember wurden 11 088 Produkte hergestellt.

Im Monat November wurden
11 088 Produkte : 1,1 = 10 080 Produkte
hergestellt.

Im Monat Oktober wurden
10 080 Produkte : 1,05 = 9 600 Produkte
hergestellt.

Im Monat September wurden
9 600 Produkte : 1,2 = 8 000 Produkte
hergestellt.

Antwortsatz: Im Monat September wurden 8 000 Produkte, im Monat Oktober 9 600 Produkte und im Monat November 10 080 Produkte hergestellt.

Lösung 22.2

Der Biobauer brachte in 5 Körben insgesamt
20 Äpfel + 25 Äpfel + 30 Äpfel + 35 Äpfel + 40 Äpfel = 150 Äpfel
mit auf den Markt.
Nachdem ein Korb Äpfel verkauft war, verteilte sich der Rest auf zwei Drittel der Sorte 1 und auf ein Drittel der Sorte 2.
Das bedeutet, dass die Anzahl der unverkauften Äpfel ein Vielfaches von 3 war. Die Anzahl der 150 ursprünglich vorhandenen Äpfel war ebenfalls ein Vielfaches von 3. Daraus ergibt sich, dass auch die Anzahl der verkauften Äpfel ebenfalls ein Vielfaches von 3 sein muss.
In den Körben des Biobauern waren 20 Äpfel, 25 Äpfel, 30 Äpfel, 35 Äpfel und 40 Äpfel. Der einzige Korb mit einer durch 3 teilbaren Anzahl Äpfel war der mit 30 Äpfeln. Nur die 30 Äpfel dieses Korbes wurden verkauft.

Somit waren
150 Äpfel – 30 Äpfel = 120 Äpfel
bisher nicht verkauft.

Zwei Drittel, also 80 Äpfel der Sorte 2, und ein Drittel, also 40 Äpfel der Sorte 1, waren bisher noch nicht verkauft.

Antwortsatz: Zu diesem Zeitpunkt hatte der Biobauer 40 Äpfel der ersten Sorte noch nicht verkauft.

Lösung 22.3

Wenn von jeder Sorte doppelt so viele Zangen unverkauft geblieben wären, so würde ein Rest von 38 übrig geblieben sein. Das wären dann alle Zangen zu 9 Euro und zwei Drittel aller Zangen zu 15 Euro. Das bedeutet, dass die verbleibenden 12 Zangen ein Drittel der Zangen zu 15 Euro sind. Also besteht die Lieferung aus 36 Zangen zu 15 Euro und 14 Zangen zu 9 Euro.

Es wurden somit am ersten Tag 7 Zangen zu 9 Euro und 24 Zangen zu 15 Euro verkauft:

63 Euro + 360 Euro = 423 Euro.

Antwortsatz: Am ersten Tag wurden für 423 Euro Zangen verkauft.

Lösungen 23

Lösung 23.1

Die Anzahl der Kinder sei x. Die Anzahl der Jugendlichen ist dann 2x. Deren Summe 3x ist nach der Aufgabenstellung die Hälfte der Erwachsenen, die somit 6x beträgt.

An dem Training nahmen also
$x + 2x + 6x = 9x$
Personen teil.

Diese 9x Personen sind nach dem Aufgabentext 81 Personen, woraus $x = 9$ folgt.
An dem Joggingtraining nahmen somit 9 Kinder, 18 Jugendliche und 54 Erwachsene teil.
Die Anzahl der Frauen sei y. Die Anzahl der Männer ist dann 2y. Die Anzahl der Erwachsenen damit 3y.
Diese 3y Personen sind nach dem Zwischenergebnis 54 Personen.
An dem Joggingtraining nahmen somit 18 Frauen und 36 Männer teil.

Antwortsatz: An dem Joggingtraining nahmen 9 Kinder, 18 Jugendliche, 18 Frauen und 36 Männer, zusammen also 81 Personen, teil.

Lösung 23.2

Die beiden mittleren Rolltreppen sind zusammen 136 Meter lang. Ihr Längenunterschied beträgt 8 Meter.

1. Rechnung:
136 Meter : 2 = 68 Meter

2. Rechnung:
68 Meter – 4 Meter = 64 Meter

3. Rechnung:
68 Meter + 4 Meter = 72 Meter

Die zweitkürzeste Rolltreppe ist 64 Meter und die zweitlängste Rolltreppe 72 Meter lang.

4. Rechnung:
272 Meter – 136 Meter = 136 Meter

Die kürzeste Rolltreppe und die längste Rolltreppe sind zusammen ebenfalls 136 Meter lang.

5. Rechnung:
68 Meter – 12 Meter = 56 Meter

6. Rechnung:
68 Meter + 12 Meter = 80 Meter

Die kürzeste Rolltreppe ist 56 Meter lang und die längste Rolltreppe ist 80 Meter lang.

Antwortsatz: Die Rolltreppen sind 56 Meter, 64 Meter, 72 Meter und 80 Meter lang, zusammen also 272 Meter.

Lösung 23.3

Lagerbestand Sorte A:
900 Pakete : 3 = 300 Pakete.

Lagerbestand Sorte B:
900 Pakete – 300 Pakete = 600 Pakete
und
600 Pakete : 4 = 150 Pakete.

Lagerbestände Sorten C und D:
600 Pakete – 150 Pakete = 450 Pakete
und
450 Pakete : 2 = 225 Pakete.

Antwortsatz: Von Sorte A sind 300 Pakete, von Sorte B sind 150 Pakete, von Sorte C sind 225 Pakete und von Sorte D sind 225 Pakete Waschmittel im Angebot.

Lösungen 24

Lösung 24.1

Die Oberfläche des Quaders berechnet sich zu
$O = 2(4a \cdot 2a + 4a \cdot 3a + 2a \cdot 3a)$
$O = 52a^2$

Der Inhalt der Schnittfläche berechnet sich zu
$A = 4a \cdot 2a$
$A = 8a^2$.

Der Anteil beträgt

$$\frac{8a^2}{52a^2} = \frac{2}{13}.$$

Antwortsatz: Der Anteil der Schnittfläche an der Oberfläche beträgt zwei Dreizehntel.

Lösung 24.2

Die Oberfläche des Quaders berechnet sich zu
$O = 2(2a \cdot 0{,}5a + 2a \cdot a + 0{,}5a \cdot a)$
$O = 7a^2$

Der Inhalt der Schnittfläche berechnet sich zu
$A = 0{,}5a \cdot a$
$A = 0{,}5a^2$.

Der Anteil beträgt

$$\frac{a^2}{14a^2} = \frac{1}{14}.$$

Antwortsatz: Der Anteil der Schnittfläche an der Oberfläche beträgt ein Vierzehntel.

Lösung 24.3

Die Oberfläche des Quaders berechnet sich zu
$O = 2(a \cdot 0{,}25a + a \cdot 0{,}5a + 0{,}5a \cdot 0{,}25a)$
$O = 1{,}75a^2$

Der Inhalt der Schnittfläche berechnet sich zu
$A = a \cdot 0{,}5a$
$A = 0{,}5a^2$.

Der Anteil beträgt

$$\frac{4a^2}{14a^2} = \frac{2}{7}.$$

Antwortsatz: Der Anteil der Schnittfläche an der Oberfläche beträgt zwei Siebtel.

Lösungen 25

Lösung 25.1

Die Anzahl der Einheiten sei x. Die Beträge werden in Cent angegeben.
Der Ansatz
$1{,}6x + 800 = 1{,}5x + 900$
führt auf das Ergebnis
$x = 1000$.

Antwortsatz: Der Kunde wählt Angebot A, wenn es weniger als 1000 Einheiten sind; er wählt Angebot B, wenn es mehr als 1000 Einheiten sind.

Lösung 25.2

Die Anzahl der Artikel sei x. Die Beträge werden in Euro angegeben.
Der Ansatz
$6x + 800 = 8x + 600$
führt auf das Ergebnis
$x = 100$.

Antwortsatz: Der Vertreter wählt Vertrag A, wenn er weniger als 100 Artikel verkauft; er wählt Vertrag B, wenn er mehr als 100 Artikel verkauft.

Lösung 25.3

Die Anzahl der Kilowattstunden sei x. Die Beträge werden in Euro angegeben.
Der Ansatz
$0{,}12x + 36 = 0{,}15x + 27$
führt auf das Ergebnis
$x = 300$.

Antwortsatz: Die Familie wählt Tarif I, wenn sie weniger als 300 Kilowattstunden verbraucht; sie wählt Tarif II, wenn sie mehr als 300 Kilowattstunden verbraucht.

Lösung 26.1

3,6 Zentimeter · 50 000 = 180 000 Zentimeter = 1 800 Meter = 1,8 Kilometer

Antwortsatz: Die beiden Bergspitzen sind in Wirklichkeit 1,8 Kilometer voneinander entfernt.

Lösung 26.2

600 Zentimeter : 200 = 3 Zentimeter

400 Zentimeter : 200 = 2 Zentimeter

Antwortsatz: Auf dem Plan ist das Wohnzimmer 3 Zentimeter lang und 2 Zentimeter breit.

Lösung 26.3

Das quadratische Grundstück hat in Wirklichkeit eine Seitenlänge von 30 Metern.
Auf dem Lageplan hat eine Seitenlänge 4 Zentimeter.
3 000 Zentimeter : 4 Zentimeter = 750

Antwortsatz: Der Lageplan hat einen Maßstab von 1 : 750.

Lösungen 27

Lösung 27.1

Die Parallele durch P zu BC schneide AB in E und CD in F.
Dann ist EP = h_1 die Höhe im Dreieck ABP und FP = h_2 die Höhe im Dreieck CDP.

Nun gilt $A_1 = \frac{1}{2} \cdot a \cdot h_1$ und $A_3 = \frac{1}{2} \cdot a \cdot h_2$.

Daraus folgt $A_1 + A_3 = \frac{1}{2} \cdot a \cdot h_1 + \frac{1}{2} \cdot a \cdot h_2 = \frac{1}{2} \cdot a \cdot (h_1 + h_2)$.

Wegen $h_1 + h_2 = a$ ergibt sich $A_1 + A_3 = \frac{1}{2} \cdot a^2$.

Somit gilt $A_1 + A_2 + A_3 + A_4 = a^2$ und weiter $A_2 + A_4 = \frac{1}{2} \cdot a^2$.

Schließlich folgt $A_1 + A_3 = A_2 + A_4$.

Antwortsatz: Die Summe der beiden übereinander stehenden Dreiecksflächen ist gleich der Summe der beiden nebeneinander stehenden Dreiecksflächen, was zu beweisen war.

Lösung 27.2

Die Geraden HF und EG sind Symmetrieachsen des Quadrats ABCD. Wir zeichnen nun durch H und F jeweils eine Parallele zu EG. Auf diese Weise wird das Quadrat in 16 flächengleiche rechtwinklige Dreiecke zerlegt:

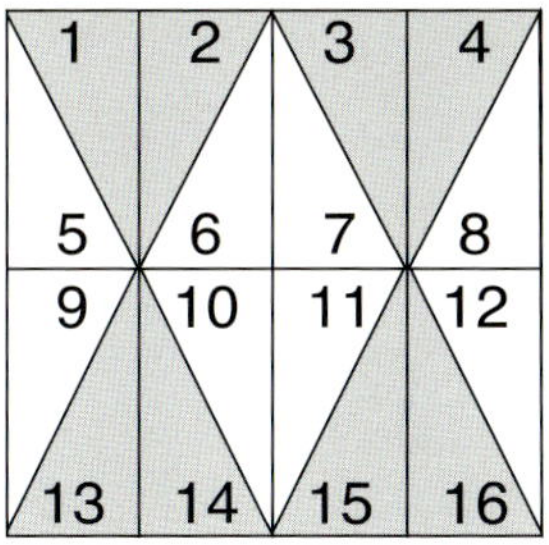

Der besseren Übersicht wegen wurden diese 16 Dreiecke fortlaufend nummeriert.

Der Flächeninhalt eines solchen Dreiecks beträgt somit $A_1 = \frac{1}{16} \cdot a^2$.

Für den Flächeninhalt des Vierecks EFGH gilt deshalb $A_2 = 4 \cdot A_1$.

Daraus folgt $A_2 = \frac{1}{4} \cdot a^2$.

Antwortsatz: Die Fläche des gegebenen Quadrats ABCD ist viermal so groß wie die Fläche des grau gerasterten Vierecks EFGH.

Lösung 27.3

Die Strecke $\overline{AB}$ hat die Länge
6 Zentimeter + 2 Zentimeter = 8 Zentimeter.

Die Strecke $\overline{BC}$ hat die Länge
2 Zentimeter + 3 Zentimeter = 5 Zentimeter.

Wegen $\overline{AB} = \overline{CD}$ und $\overline{BC} = \overline{AD}$ sind die Strecken $\overline{DG}$ und $\overline{DH}$ jeweils 2 Zentimeter lang.

Für den Flächeninhalt A_V des Vierecks EFGH gilt deshalb

$A_V = (8 \cdot 5 - 2 \cdot \frac{1}{2} \cdot 2 \cdot 2 - 2 \cdot \frac{1}{2} \cdot 3 \cdot 6)$ Quadratzentimeter

und damit
$A_V = 18$ Quadratzentimeter.

Antwortsatz: Das grau unterlegte Viereck EFGH hat einen Flächeninhalt von 18 Quadratzentimetern.

Lösungen 28

Lösung 28.1

Die Wegfläche von Grundstück A ist
1 936 Quadratmeter – 1 600 Quadratmeter = 336 Quadratmeter
groß.

Die Wegfläche von Grundstück B ist
1 600 Quadratmeter – 1 296 Quadratmeter = 304 Quadratmeter
groß.

Die Flächendifferenz beträgt
336 Quadratmeter – 304 Quadratmeter = 32 Quadratmeter.

Antwortsatz: Beide Wege unterscheiden sich um 32 Quadratmeter.

Lösung 28.2

Die Wiesenfläche ohne Wegfläche beträgt 10 000 Quadratmeter.
Die Wiesenfläche mit Wegfläche beträgt 10 404 Quadratmeter.
Die Flächendifferenz beträgt:
10 404 Quadratmeter – 10 000 Quadratmeter = 404 Quadratmeter.

Antwortsatz: Die Wegfläche ist 404 Quadratmeter groß.

Lösung 28.3

Die kleinste Wiese hat eine Seitenlänge von 12 Metern, die mittlere eine von 15 Metern und die größte eine von 16 Metern.

Die kleinste Wiese hat eine Fläche von 144 Quadratmetern, die mittlere eine von 225 Quadratmetern und die größte eine von 256 Quadratmetern.

Die drei Wiesen sind zusammen
144 Quadratmeter + 225 Quadratmeter + 256 Quadratmeter
= 625 Quadratmeter
groß.

Antwortsatz: Der Gemeinderat bietet Bauer Pfiffig einen quadratischen Bauplatz mit der Seitenlänge von 25 Metern an.

Lösung 29.1

13 Kinder + 15 Kinder + 4 Kinder – 6 Kinder = 26 Kinder

Antwortsatz: In diese Klasse gehören 26 Kinder.

Lösung 29.2

26 Musiker + 30 Musiker + 8 Musiker – 12 Musiker = 52 Musiker

Antwortsatz: Zu diesem Orchester gehören 52 Musiker.

Lösung 29.3

800 Einwohner – 400 Einwohner – 300 Einwohner – 99 Einwohner
= 1 Einwohner

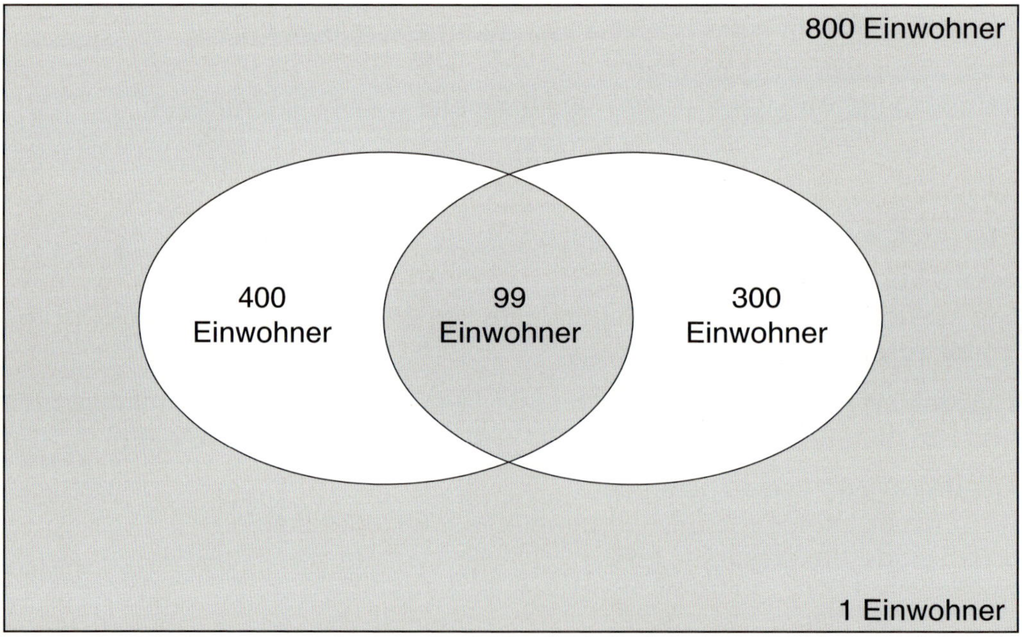

Antwortsatz: Nur 1 Einwohner gehört keinem der beiden Vereine an.

Lösungen 30

Lösung 30.1

Um die Kohlenhalde in 36 Tagen abzufahren, werden 24 Lastkraftwagen gebraucht.

Allein könnte 1 Lastkraftwagen die Kohlenhalde in
36 Tagen · 24 = 864 Tagen
abfahren.

Daraus folgt:

1 Lastkraftwagen fährt an einem Tag $\frac{1}{864}$ der Kohlenhalde ab.

24 Lastkraftwagen fahren an einem Tag $\frac{24}{864}$ der Kohlenhalde ab.

24 Lastkraftwagen fahren in 14 Tagen $\frac{336}{864}$ der Kohlenhalde ab.

Nun müssen 22 Lastkraftwagen den Rest von $\frac{864 - 336}{864} = \frac{528}{864}$ der Kohlenhalde abfahren.

Wenn 1 Lastkraftwagen am Tag $\frac{1}{864}$ der Kohlenhalde abfährt,
dann fahren 22 Lastkraftwagen an 1 Tag $\frac{72}{864}$ der Kohlenhalde ab.

Aus dem Ansatz

$\frac{22}{864}x = \frac{528}{864}$

folgt über

$22x = 528$

das Ergebnis

$x = 24$.

Die gesamte Abfuhr der Kohlenhalde beträgt somit
14 Tage + 24 Tage = 38 Tage.

Antwortsatz: Die Kohlenhalde ist nach 38 Tagen abgefahren.

Lösung 30.2

Um den Hof in 20 Tagen zu pflastern, werden 3 Arbeiter benötigt.
Allein könnte 1 Arbeiter den Hof in
20 Tagen · 3 = 60 Tagen
pflastern.

Daraus folgt:
1 Arbeiter pflastert an einem Tag $\frac{1}{60}$ des Hofes.

3 Arbeiter pflastern an einem Tag $\frac{3}{60}$ des Hofes.

3 Arbeiter pflastern an 5 Tagen $\frac{15}{60}$ des Hofes.

Danach pflastern 5 Arbeiter in 3 Tagen $\frac{15}{60}$ des Hofes.

Jetzt ist die erste Hälfte des Hofes gepflastert.

Die zweite Hälfte des Hofes müssen nun 6 Arbeiter pflastern.

Aus dem Ansatz

$$\frac{6}{60}x = \frac{30}{60}$$

folgt über

$6x = 30$

das Ergebnis

$x = 5$.

Um den Hof zu pflastern, dauert es
5 Tage + 3 Tage + 5 Tage = 13 Tage.
Die Arbeitszeit verkürzt sich somit um
20 Tage – 13 Tage = 7 Tage.

Antwortsatz: Um den Hof zu pflastern, werden 7 Tage weniger benötigt.

Lösungen 30

Lösung 30.3

Um den Wald in 36 Tagen aufzuforsten, werden 16 Arbeiter benötigt.
Allein könnte 1 Arbeiter den Wald in
36 Tagen · 16 = 576 Tagen
aufforsten.

Daraus folgt:
1 Arbeiter forstet an einem Tag $\frac{1}{576}$ des Waldes auf.

16 Arbeiter forsten an einem Tag $\frac{16}{576}$ des Waldes auf.

16 Arbeiter forsten in 11 Tagen $\frac{176}{576}$ des Waldes auf.

Jetzt muss noch $\frac{576-176}{576} = \frac{400}{576}$ des Waldes aufgeforstet werden.

Danach forsten 15 Arbeiter in 20 Tagen $\frac{300}{576}$ des Waldes auf.

Jetzt sind $\frac{476}{576}$ des Waldes aufgeforstet.

Die restlichen $\frac{100}{576}$ des Waldes müssen nun 10 Arbeiter aufforsten.

Aus dem Ansatz

$$\frac{10}{576}x = \frac{100}{576}$$

folgt über
$10x = 100$
das Ergebnis
$x = 10$.

Um den Wald aufzuforsten, dauert es
11 Tage + 20 Tage + 10 Tage = 41 Tage.
Die Arbeitszeit verlängert sich somit um
41 Tage – 36 Tage = 5 Tage.

Antwortsatz: Um den Wald aufzuforsten, werden 5 Tage mehr benötigt.

Lösung 31.1

Das Becken fasst
150 Dezimeter · 120 Dezimeter · 30 Dezimeter = 540 000 Kubikdezimeter
= 540 000 Liter.

In jeder Stunde liefern die Zuflüsse
7 200 Liter + 5 400 Liter + 9 000 Liter = 21 600 Liter
Wasser.

Nach
540 000 Liter : 21 600 Liter/Stunde = 25 Stunden
ist das Becken gefüllt.

Antwortsatz: Die drei Zuflüsse füllen das Becken in 25 Stunden vollständig.

Lösung 31.2

Die Beckenfläche beträgt 180 Quadratmeter. Stündlich laufen 21,6 Kubikmeter Wasser in dieses Becken. In 12 Stunden sind es somit 259,2 Kubikmeter Wasser.

259,2 Kubikmeter : 180 Quadratmeter = 1,44 Meter

Antwortsatz: Nach 12 Stunden steht das Wasser 1,44 Meter hoch im Becken.

Lösungen 31

Lösung 31.3

Der Feuerlöschteich fasst
12 Meter · 9 Meter · 5 Meter = 540 Kubikmeter
Wasser.

Wenn kein Zufluss ausfallen würde, wäre das Becken in
540 Kubikmeter : 21,6 Kubikmeter/Stunde = 25 Stunden gefüllt.

Nach 10 Stunden sind
21 600 Liter · 10 = 216 000 Liter
Wasser im Becken.

Nach 20 Stunden sind
216 000 Liter + 16 200 Liter · 10 = 378 000 Liter
Wasser im Becken.

Es fehlen also noch
540 000 Liter – 378 000 Liter = 162 000 Liter
Wasser im Becken.

Dazu werden
162 000 Liter : 7 200 Liter/Stunde = 22,5 Stunden
benötigt.

Somit verlängert sich die Füllzeit um
20 Stunden + 22,5 Stunden – 25 Stunden = 17,5 Stunden.

Antwortsatz: Die Füllung des Beckens verzögert sich um 17,5 Stunden.

Lösung 32.1

Da für „ZWEI“ die kleinstmögliche Zahl zu ermitteln ist, muss auch die Zahl für „VIER“ möglichst klein sein. Deshalb könnte $Z = 1$ und $V = 2$ sein.

Es sei $V = 2$:
Wegen $W \neq V$ und $W \neq Z$ könnte dann $W = 0$ oder $W = 3$ sein. Für $W = 0$ wäre $I = 1$, das widerspricht aber $Z = 1$.

Es sei $W = 3$:
Dann könnte $I = 6$ oder $I = 7$ sein. Für $I = 6$ ergäbe sich wegen $I + I = R$ $(6 + 6 = 12)$ somit $R = 2$, das widerspricht aber $V = 2$.

Es sei $I = 7$:
Dann gilt $R = 4$ $(7 + 7 = 14)$. Daher gilt $1 + E + E = 10 + E$. Somit folgt $E = 9$.

Antwortsatz: Das Schema „ZWEI + ZWEI = VIER“ hat die kleinstmögliche Lösung
1 397 + 1 397 = 2 794.

Lösung 32.2

Aus $O + O = PA$ bzw. $O + O + 1 = PA$ folgt $P = 1$. Aus $A + A = R$ bzw. $A + A = 10 + R$ und $A \neq R$ folgt $A \neq 0$. Aus $P = 1$ folgt $A \neq 1$.
Wenn $A = 2$, so ist $R = 4$ und $O = 6$. Wegen $P + M = A$ muss dann $M = 1$ sein.

Das steht aber im Widerspruch zu $P = 1$. Also ist $A \neq 2$. Wenn $A = 3$, dann ist $R = 6$. Dann muss aber auch $O = 6$ sein. Das führt jedoch zu einem Widerspruch. Also ist $A \neq 3$. Wenn $A = 4$, so ist $R = 8$ und $O = 7$. Daraus folgt $M = 3$.

Dies führt zu dem ersten Ergebnis
714 + 734 = 1 448.

Durch gleiche Überlegungen erhalten wir das zweite Ergebnis
816 + 846 = 1 662.

Antwortsatz: Das Schema „OPA + OMA = PAAR“ hat die beiden Lösungen 714 +734 = 1 448 und 816 + 846 = 1 662.

Lösungen 32

Lösung 32.3

Da die Summe ZX < 100 ist, muss $X \leq 3$ sein.
Für $X = 0$ wäre XY keine zweistellige natürliche Zahl.
Deshalb muss $X > 0$ sein.

Also gilt
$X = 1$ oder $X = 2$ oder $X = 3$.

1. Fall:
Es sei $X = 1$, dann ist $Y = 7$ und $Z = 5$.

2. Fall:
Es sei $X = 2$, dann ist $Y = 4$ und $Z = 7$.

3. Fall:
Es sei $X = 3$, dann ist $Y = 1$ und $Z = 9$.

Antwortsatz: Das Schema „XY + XY + XY = ZX“ hat die drei Lösungen
17 + 17 + 17 = 51 und 24 + 24 + 24 = 72 und 31 + 31 + 31 = 93.

Lösung 33.1

Die vier in den Ecken eingezeichneten gleich großen Quadrate Q haben zusammen einen Flächeninhalt von 36 Quadratzentimetern.

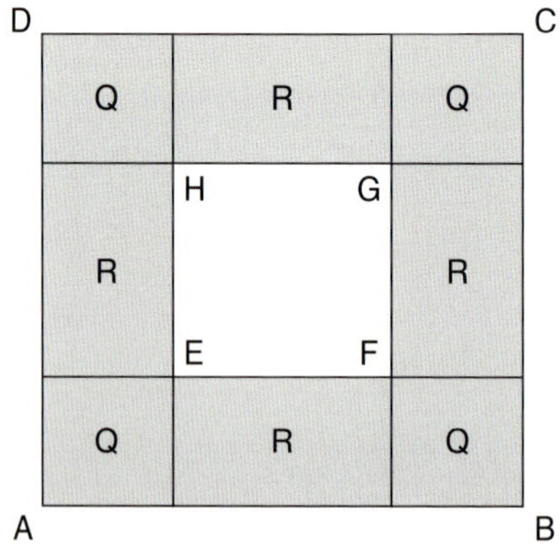

Die vier an den Seiten eingezeichneten gleich großen Rechtecke R haben zusammen einen Flächeninhalt von 60 Quadratzentimetern.

Jedes dieser Rechtecke hat somit einen Flächeninhalt von 15 Quadratzentimetern mit den Seitenlängen 3 Zentimeter und 5 Zentimeter.

Die Länge der Strecke BC beträgt also
3 Zentimeter + 5 Zentimeter + 3 Zentimeter = 11 Zentimeter.
Die Strecke GH ist 5 Zentimeter lang.

Antwortsatz: Die gesuchten Streckenlängen betragen 11 Zentimeter und 5 Zentimeter.

Lösung 33.2

Das gegebene Quadrat hat eine Fläche von 1 Flächeneinheit.

Die beiden nicht gerasterten Dreiecke lassen sich zu einem Quadrat mit der Seitenlänge 0,75 Längeneinheiten zusammensetzen.

Das gerasterte Sechseck hat somit einen Flächeninhalt von
$1^2 - 0{,}75^2 = 0{,}4375$.

Anteil: $\frac{4\,375}{10\,000} = \frac{625 \cdot 7}{625 \cdot 16} = \frac{7}{16}$

Antwortsatz: Der Flächeninhalt des Sechsecks an dem des Quadrats beträgt $\frac{7}{16}$.

Lösung 33.3

Die Strecke $\overline{FG}$ ist halb so lang wie die Strecke $\overline{BC}$.

Bezeichnen wir $\overline{BC}$ mit a, dann ist $\overline{FG} = \frac{a}{2}$.

Die Strecke $\overline{EH}$ ist ein Drittel so lang wie die Strecke $\overline{AC}$.

Bezeichnen wir $\overline{AC}$ mit b, dann ist $\overline{EH} = \frac{b}{3}$.

Aus der folgenden Abbildung lässt sich erkennen:

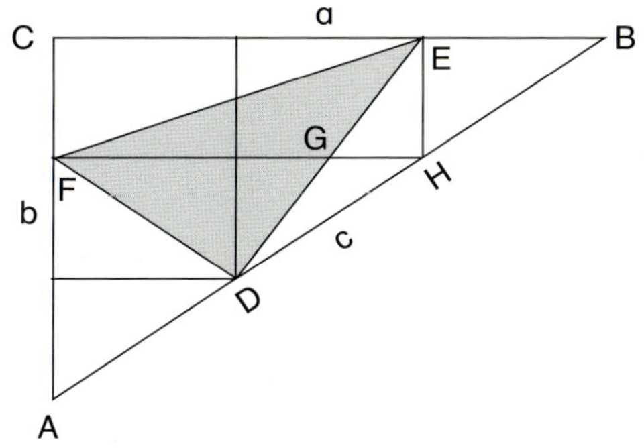

1. Das Dreieck ABC hat den Flächeninhalt $\frac{a \cdot b}{2}$.
2. Das Dreieck DEF hat den Flächeninhalt $\frac{a \cdot b}{6}$.

Daraus folgt:
Der Flächeninhalt des Dreiecks ABC ist dreimal so groß wie der Flächeninhalt des Dreiecks DEF.

Antwortsatz: Der Anteil der kleinen Dreiecksfläche an der großen Dreiecksfläche beträgt ein Drittel.

Mathematische Begriffe

Fremdsprache	Bedeutung
addieren	zusammenzählen
Addition	Vorgang des Zusammenzählens
Differenz	Ergebnis des Abziehens
Dividend	zu teilende Zahl oder Zähler
dividieren	teilen
Division	Teilung
Divisor	teilende Zahl oder Nenner
Faktor	Vervielfältigungszahl
Kardinalzahl	Grundzahl
Minuend	Zahl, von der etwas abgezogen werden soll
minus	weniger
Multiplikand	Zahl, die mit einer anderen Zahl malgenommen werden soll
Multiplikation	Vervielfachung
Multiplikator	Zahl, mit der eine andere Zahl malgenommen werden soll
multiplizieren	malnehmen
Ordinalzahl	Ordnungszahl
plus	mehr
Produkt	Ergebnis des Malnehmens
Quotient	Ergebnis der Teilung, besteht aus Zähler und Nenner
Subtrahend	abzuziehende Zahl
subtrahieren	abziehen
Subtraktion	Vorgang des Abziehens
Summand	hinzuzuzählende Zahl
Summe	Ergebnis des Zusammenzählens
Variable	Veränderliche